웃기고 냄새나는
역사 속 똥오줌 이야기

웃기고 냄새나는
역사 속 똥오줌 이야기

설흔 글 | 최현묵 그림

똥, 오줌!

들기만 해도 저절로 코를 막게 되지?
고개를 절레절레 흔들게 되지?
하지만 난 너희들을 잘 알아. 겉으로는 싫어해도
실제로는 똥오줌 이야기를 무척 좋아한다는 걸!
그냥 좋아하는 게 아니라 눈 크게 뜨고 주먹 꽉 쥐고
헤헷 웃을 정도로 좋아한다는 걸!
그래서 똥오줌 이야기를 실컷 하려고 해.
그냥 웃기고 지저분하고 냄새나는 똥오줌 이야기가 아니라,
우리나라 역사 속에 나오는 똥오줌 이야기야.
왕과 왕비, 시인과 학자, 임금님과 선비가 주인공인
똥오줌 이야기란다.
역사책에 그런 게 정말 있냐고? 똥과 오줌, 다 나와 있냐고?
그래, 역사책에 다 나와 있어.
정말로 그런 이야기가 푸지게 나온다니까.

차례

들어가는 글 **똥, 오줌!** 4

첫 번째 이야기

오줌 꿈을 사서 왕비가 되었대! 8

이야기 속 역사 읽기
김유신은 왜 김춘추와 누이동생을 결혼시키려고 했을까?

두 번째 이야기

화장실에서 복수한 귀신 32

이야기 속 역사 읽기
김부식은 정말 화장실 안에서 죽었을까?

세 번째 이야기

오줌에 얽힌 임금님들 이야기 48

이야기 속 역사 읽기
경종 임금님은 왜 신하들 앞에서 오줌을 누었을까?

네 번째 이야기

똥 보고 감탄한 괴짜 선비 70

이야기 속 역사 읽기
박지원은 왜 똥거름이 장관이라고 했을까?

역사 이야기를 좋아하는 아이들만 보는 **역사 퀴즈** 84

아직도 **역사 공부**가 더 하고 싶다면 85

역사 용어 풀이 86

첫 번째 이야기

오줌 꿈을 사서 왕비가 되었대!

신라

신라의 유명한 장군 김유신의 이름을
들어 본 적이 있니? 없다고?
그러면 신라는 아니? 그것도 모른다고?
그래도 괜찮아.
지금 하려는 이야기는 김유신이 아니라,
김유신 장군의 두 여동생에 대한 거니까.

김유신 (595~673년)
신라의 장군.
수로왕의 12대 후손

김보희 (?~?년)
김유신의 누이동생

김문희 (?~?년)
김유신의 누이동생

김춘추 (603~661년)
신라 제29대 왕인
태종 무열왕

지금으로부터 약 1,400여 년 전, 신라의 서울에 의좋은 자매가 살았어. 언니 이름은 보희, 동생 이름은 문희야.

어느 날 보희가 꿈을 꾸었어. 무슨 꿈인가 하면 산에 올라가 오줌을 누는 꿈이야. 산에 올라가 오줌을 누었는데 오줌을 얼마나 많이 누었는지 글쎄, 서울이 다 잠겼대. 별 지저분하면서도 신기한 꿈이 다 있지?

아침이 되자 보희는 문희를 불러 꿈 이야기를 했

서울 한자로는 京城(경성)이라고 기록되어 있어요. 신라의 서울은 오늘날의 경주인데, 그때는 서라벌이라고 불렸지요.

어. 다른 사람한테는 못 하는 이야기를 동생한테는 실컷 했어.

 언니의 꿈을 귀 쫑긋 세우고 듣던 문희는 꿈 이야기가 다 끝나자 넌지시 제안을 하나 했어.

 "언니, 나한테 꿈을 팔지 않을래?"

 보희는 문희를 보며 잠깐 생각을 했어.

 '깍쟁이 문희가 꿈을 산다는 걸 보니까 좋은 꿈인가 보다.'

 보희는 새침한 표정을 짓고 고개를 가로저었어.

 "싫어, 안 팔 거야."

 문희는 보희의 오른손을 잡고 졸랐어.

 "그러지 말고 나한테 팔아. 내가 빗 하나 줄게."

보희는 손을 내밀고 고개를 가로저었어.

"싫다니까. 나한테도 빗은 많이 있거든."

문희는 이번엔 보희의 두 손을 붙잡고 졸랐어.

"그러지 말고 나한테 팔아. 내가 아끼는 비단 치마 줄게."

"정말?"

"그래."

비단 치마는 문희가 가장 아끼는 물건이었어. 보희도 갖고 싶었지만 문희가 워낙 애지중지해서 문희가 나간 틈을 타 겨우 몇 번 입어 봤을 뿐이었지.

보희는 꿈을 팔기로 마음을 굳혔어. 꿈 한 번 팔고 비단 치마를 얻는 셈이니 수지맞는 장사라고 생각했지. 꿈이야 깨고 나면 그만이지만 비단 치마는 계속

입을 수 있잖아.

　보희는 활짝 웃으며 말했어.

　"좋아. 그럼 너한테 어젯밤 꿈을 팔게."

　그 말을 들은 문희는 자기 방으로 가서 비단 치마를 가져와 보희에게 주며 말했어.

　"비단 치마를 줬으니 이제 언니 꿈은 내 거야."

　보희는 비단 치마를 어루만지며 대답했어.

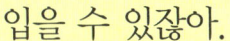

"그래, 내가 오줌 눈 꿈은 이제 네 거야."

문희가 언니인 보희로부터 꿈을 산 지 열흘이 지났어. 그동안 무슨 좋은 일이 있었냐고? 아니, 아무 일도 없었어. 아흐레 동안은 아무 일도 없었지.

열흘째 되던 날, 문희와 보희가 사는 집 밖이 시끌시끌했어. 문희와 보희의 오빠인 김유신이 집 밖에서 축국을 했어. 혼자 해서는 재미가 없으니 친구인 김춘추와 함께 축국을 한 거야.

공을 함께 차다 보면 몸도 살짝살짝 부딪히게 돼. 김유신은 공을 차다 그만 김춘추의 옷고름을 밟았어. 그 바람에 김춘추의 옷고름이 뜯어지고 말았지. 김유신은 김춘추에게 당장 사과부터 했어.

축국 공을 차는 놀이란 뜻으로, 오늘날의 축구와 비슷한 공놀이를 말해요.

"미안하게 됐네. 내가 실수를 했군."

김춘추는 웃으며 말했어.

"괜찮아, 별일도 아닌데. 옷고름이야 다시 달면 그만인걸, 뭐."

김유신은 김춘추의 등을 자기 집 쪽으로 살짝 떠밀며 말했어.

"나는 괜찮지가 않네. 내게 여동생이 있으니 안으로 들어가 달아 달라고 하세."

김춘추가 손을 저으며 다시 말했어.

"괜찮다니까."

김유신이 그 손을 잡으며 다시 말했어.

"내가 괜찮지가 않다니까."

결국 김춘추는 김유신에게 떠밀려 집 안으로 들어

갔어.

 김춘추가 들어가는 걸 보고 뒤따라 들어가던 김유신은 살짝 웃었어. 왜 웃었냐 하면 사실은 김춘추를 집 안으로 끌어들이기 위해 일부러 옷고름을 밟은 거였거든.

 선덕 여왕의 조카인 김춘추는 앞으로 왕이 될 가능성이 높았지. 김유신은 그런 김춘추에게 자신의 여동생을 소개시켜 주려 했던 거야.

 김유신은 두 여동생 중 보희의 방에 먼저 들어가 말했어.

 "내 친구 김춘추의 옷고름을 좀 달아 주렴."

 보희는 얼굴을 붉히곤 고개를 저으며 말했어.

 "귀하신 분을 보기가 부끄럽습니다. 하녀에게 시

키세요."

보희가 거절하자 김유신은 문희의 방에 들어가 말했어.

"내 친구 김춘추의 옷고름을 좀 달아 주렴."

문희는 얼굴을 붉히곤 고개를 끄덕이며 말했어.

"귀하신 분을 보기가 부끄럽습니다. 하지만 오빠의 뜻이니 따르겠습니다."

김유신은 김춘추를 문희의 방으로 들여보냈어. 그러고는 슬쩍 집 밖으로 나갔지. 그렇게 해서 김춘추와 문희가 처음으로 만났어.

김춘추는 어여쁜 문희를 보고 빙긋 웃었어. 문희는 고개 숙이고 손으로 입을 가리고 살짝 웃었어. 김춘추는 생각보다 훨씬 잘생긴 사람이었거든.

그렇게 해서 두 사람이 부부가 됐냐고? 언니인 보희가 오줌 눈 꿈을 산 문희가 왕비가 되었냐고? 그렇진 않아. 아직은 아니야. 문희가 죽을 고비를 간신히 넘긴 뒤에야 두 사람은 부부가 되지.

어느 날, 선덕 여왕이 남산에 갔어. 남산에 올라가서 서라벌을 내려다보는데 어느 집에서 이상하게 연기가 많이 나는 거야. 선덕 여왕은 신하를 불렀어.

"밥을 하는 것치곤 연기가 너무 많이 나는구나. 저 집은 누구의 집이며, 도대체 무슨 일이 일어난 것이냐?"

신하가 답했어.

"김유신의 집인데 자기 여동생 문희를 불태워 죽이려 합니다."

선덕 여왕이 깜짝 놀라 물었지.

"멀쩡히 잘 있는 여동생을 왜 죽이려 한단 말이냐?"

신하가 답했어.

남산 여기에 나오는 남산은 경주 남쪽에 위치한 남산을 말해요.

"아직 혼례도 안 치렀으면서 어떤 남자와 너무 친하게 지낸다고 합니다."

선덕 여왕이 아까보다 더 놀라서 물었지.

"그럼 그 남자와 혼례를 치르면 될 것 아니냐? 도대체 그 남자가 누구냐?"

사실 김춘추는 이야기가 오가는 동안 줄곧 선덕 여왕 곁에 서 있었어. 주위를 살피던 선덕 여왕은 김춘추의 얼굴이 똥 빛이 된 걸 보았어.

"네가 그랬느냐?"

김춘추가 고개를 푹 숙이고 대답했어.

"제가 그랬습니다."

선덕 여왕은 목소리를 높여 말했어.

"빨리 안 가고 무엇하느냐? 어서 가서 여인의 목숨을 구하라."

선덕 여왕의 재촉을 받은 김춘추는 당장 말에 올라탔어. 그리고 있는 힘을 다해 말을 몰았지.

김유신의 집 앞에 말을 세운 김춘추가 숨을 헐떡이며 안으로 들어갔을 때, 넓은 마당 한구석에는 장작이 가득 쌓여 있었어. 장작더미에는 연기가 풀풀 피어오르고 있었지.

김춘추가 들어온 걸 본 김유신은 문희에게 말했어.

"어서 장작 위로 올라가거라."

김춘추는 문희의 손을 잡아끌었어. 그러곤 김유신에게 큰 소리로 외쳤어.

"내가 잘못했네. 자네 여동생과 혼례를 치르겠으니, 당장 그만하게!"

김유신이 물었어.

"정말인가?"

김춘추가 대답했어.

"정말일세. 그러니 여동생을 살려 주게."

김유신은 못 이기는 척 양보를 했지. 김유신은 뒤로 돌아 살짝 웃었어. 왜 웃었을까? 몇몇 친구들은 벌써 눈치챘을 거야.

김유신은 문희를 진짜 불에 태워 죽일 생각은 아니었어. 김춘추가 문희를 자꾸 만나기만 하곤 혼례

치를 생각을 하지 않으니까 일을 벌인 거야. 선덕 여왕이 남산에 가는 날을 기다렸다 일을 벌인 거야.

 이렇게 해서 드디어 문희는 김춘추와 부부가 되었어. 그 뒤에 어떻게 되었느냐고? 선덕 여왕이 죽고 그 뒤를 이은 진덕 여왕마저 자식 없이 죽자, 가장 가까운 친척인 김춘추가 왕이 되었어. 문희는 왕의 부인이 되었으니까 왕비가 되었지.
 이게 바로 언니인 보희로부터 오줌 눈 꿈을 사서 왕비가 된 문희의 이야기란다.

이야기 속 역사 읽기

김유신은 왜 김춘추와 누이동생을 결혼시키려고 했을까?

> 제29대 태종 대왕의 이름은 춘추요, 성은 김 씨다. 문흥 대왕의 아들이고, 어머니는 진평 대왕의 딸인 천명 부인이다. 왕비는 문명 왕후 문희이니 곧 유신 공의 누이동생이다.
>
> 「삼국유사」 중에서

어때, 오줌 꿈으로 왕비가 된 문희 이야기를 잘 읽었니? 이 재미있는 이야기 속에는 사실 신라의 운명을 바꾼 실마리가 담겨 있단다. 이 이야기를 더 잘 이해하려면 우선 김유신의 가문부터 알아야 해. 김부식이 쓴 「삼국사기」 열전 「김유신」 편은 이렇게 시작하지.

'김유신은 신라 서울 사람이다. 12대조 수로는 어떤 사람인지 알 수 없다.'

무슨 뜻일까? 김유신은 신라 사람이기는 한데 그 조상은 신라 사람이 아니라는 뜻이야. 수로는 금관가야를 세운 수로왕을 말해. 그런데 금관가야는 김유신의 증조부인 구해왕 때 신라에 항복을 했지.

신라는 금관가야의 왕족들에게 신라의 귀족과 같은 대우를 해 주었어. 하지만 그건 겉으로 그랬다는 것이고, 속으로는 보이지 않는 차별이 있었단다.

예를 들어 같은 실력을 지닌 두 사람 중에 어떤 사람을 써야 할지 모르겠으면 그 사람의 출신을 확인하는 거야. 그래서 신라 출신인 사람을 쓰고, 가야 출신인 사람을 슬쩍 떨어트리는 거지. 그건 김유신처럼 무술 잘하고 머리도 좋은 사람에게도 마찬가지였어.

이것이 바로 김유신이 자신의 누이동생과 김춘추를 부부로 만들기 위해 애를 쓴 까닭이란다.

김춘추는 누구일까?

김춘추는 진평왕의 외손자야. 진평왕의 딸인 선덕 여왕과 조카인 진덕 여왕에게는 자식이 없었기 때문에, 두 여왕이 죽으면 왕이 될 가능성이 가장 높은 사람은 김춘추였어. 김유신은 이 점을 생각했던 거야.

김유신과 김춘추가 손을 잡은 결과가 어떻게 되었는지 아니? 당시 신라, 고구려, 백제 중 가장 약한 나라는 신라였어. 지략과 용맹이 뛰어난 김유신이 장군이 된 뒤 사정이 달라졌어. 김유신은 백제와 고구려를 차례로 멸망시키고 신라를 한반도의 승리자로 만드는 데 큰 역할을 했단다.

만약 문희와 김춘추가 결혼하지 않았다면 김유신의 삶은 달라졌을 거야. 그랬다면 신라의 운명도 역사책에 나온 것과는 달라졌을 테지?

오줌 꿈을 꾼 또 다른 왕비가 있어!

한 가지 더. 문희가 보희에게서 비단 치마를 주고 산 그 꿈,

산 위에서 오줌을 누었더니 서울이 다 잠겼다는 그 꿈을 정말 보희가 꾸기는 꾸었을까? 『고려사』에 보희의 꿈과 비슷한 내용이 나온단다.

'현종의 어머니인 헌정 왕후 황보 씨가 사저로 나가 살 때였다. 한번은 꿈에 곡령에 올라가 오줌을 누었더니 온 나라에 흘러넘쳐 은빛 바다로 변하였다. 해몽을 하게 하니, 아들을 낳으면 왕이 되어 한 나라를 소유할 것이라고 하였다.'

그 꿈을 꾼 뒤 낳은 아들이 나중에 고려의 현종이 되었단다. 우리나라에만 비슷한 게 있는 게 아니고 중국의 역사책을 보아도 비슷한 사례가 여럿 있어.

보희가 그 꿈을 실제로 꾸었는지, 안 꾸었는지에 대해서는 너희들이 잘 생각해 보렴.

생각하는 역사왕
- 꿈을 사고판다는 건 무슨 뜻일까?
- 문희는 오줌 눈 꿈이 왜 좋은 꿈이라고 생각했을까?

두 번째 이야기

화장실에서 복수한 귀신

고려 때 개성에서 일어난 일이야.
(미리 말하는데 좀 우습고 좀 무서운 이야기야.)
화장실에서 죽은 사람이 있었대!
이게 대체 무슨 일일까?
화장실에서 죽은 사람의 이름은 김부식이고,
김부식에게 복수한 사람은 정지상이야.
두 사람은 나이도 다르고 살던 곳도 달랐는데,
비슷한 것이 하나 있었어.
둘 다 글을 굉장히 잘 썼어!

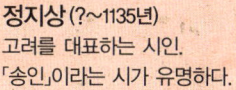

정지상 (?~1135년)
고려를 대표하는 시인.
「송인」이라는 시가 유명하다.

김부식 (1075~1151년)
고려의 문인이자 정치가로,
『삼국사기』를 편찬했다.

어느 날, 정지상과 김부식이 시 짓기 대결을 펼쳤어. 정지상이 조금 더 빨리 지었지. 정지상은 김부식에게 시를 보여 주었어. 그 시는 이렇대.

 절에서는 불경 소리 뚝 그치고,
 하늘은 유리처럼 맑다.

 김부식은 정지상의 시가 참 마음에 들었어. 그래서 정지상에게 부탁을 했어.
 "시가 참 좋구려. 나한테 주면 안 되겠소?"

정지상은 딱 잘라 거절했어.

"내가 쓴 시를 왜 남한테 줍니까?"

머뭇거리지도 않고 딱 잘라 거절하니 김부식은 좀 무안해졌어. 그래도 시를 꼭 갖고 싶어서 꾹 참고 한 번 더 부탁을 했어.

"시가 너무 좋아서 그러는 거요. 나한테 주면 안 되겠소?"

정지상은 이번에도 딱 잘라 거절했어.

"안 준다는데 왜 자꾸 그러십니까?"

정중하게 두 번이나 부탁을 했는데 두 번 다 모질게 거절을 당한 김부식의 기분이 어땠을까? 별로 좋지 않았겠지? 아니, 무척 좋지 않았겠지?

그래, 김부식은 기분이 팍 상했어. 기분이 팍 상한 김부식은 복수할 기회만 노렸어. 마침내 기회가 왔어. 정지상이 잡혀 온 거야.

그때 김부식은 꽤 높은 관직에 올라 있었어. 김부식이 임금님에게 "정지상은 죄가 없습니다."라고 말하면 정지상은 풀려날 수가 있었어. 반면 김부식이 임금님에게 "정지상은 죄가 많습니다."라고 말하면 정지상은 죽게 되는 거였어.

김부식은 뭐라고 말했을까?

정지상에게 딱 잘라 거절당했던 김부식은 이렇게 말했어.

"정지상은 죄가 많습니다."

임금님은 어떻게 했을까? 김부식의 말만 믿고 정지상을 죽여 버렸대. 어때, 조금 슬픈 이야기지?

하지만 이 이야기는 이걸로 끝이 아니야. 우습고 무서운 이야기는 아직 시작도 하지 않았거든.

어느 봄날, 김부식은 버드나무와 복숭아꽃을 보면서 시를 하나 지었어. 그 시는 이렇대.

버드나무 천 줄기는 푸르고,
복숭아꽃 만 송이는 붉다.

김부식은 자신이 지은 시에 만족했어.
그런데 시를 쓰느라 너무 무리를 했나 봐. 갑자기 배가 아픈 거 있지? 그래서 화장실에 갔어.
김부식이 똥을 싸기 위해 배에 힘을 잔뜩 주고 앉아 있는데, 갑자기 누군가 뺨을 철썩 때리면서 이렇게 말하는 거야.
"버드나무 줄기가 천 개이고, 복숭아꽃이 만 송이인 줄 어떻게 아오? 직접 세어 봤소?"

김부식은 깜짝 놀라 옆을 봤어. 그런데 옆에 정지상이 있는 거야. 죽은 줄 알았던 정지상이 귀신이 되어 바로 옆에 있는 거야. 김부식은 깜짝 놀랐겠지. 나오던 똥도 쏙 들어갔겠지.

김부식은 떨리는 목소리로 물었어.

"그럼 어떻게 써야 하는가?"

"그야 이렇게 써야지."

버드나무는 줄줄이 푸르고,
복숭아꽃 점점이 붉다.

곰곰 생각해 보던 김부식은 그 말이 맞다고 생각했어.

김부식이 고개를 끄덕이자 정지상 귀신은 그제야

화장실에서 사라졌어. 김부식은 똥이고 뭐고 다 때려치우고 당장 밖으로 뛰쳐나왔지. 주위를 둘레둘레 둘러보고 아무도 없는 걸 확인하고 나서야 한숨을 푹 내쉬었지.

그런데 정지상 귀신은 그 뒤로도 가끔 나타났대. 그것도 꼭 김부식이 화장실에 앉아 시를 생각할 때만 나타났대.

그래서 어떻게 되었냐고? 김부식은 그만 화장실에서 죽고 말았단다. 똥을 싸고 죽었는지, 못 싸고 죽었는지는 잘 모르겠어.

어때? 이게 우습고 무서운 이야기의 결말이야.

이야기 속 역사 읽기

김부식은 정말 화장실 안에서 죽었을까?

> 시중 김부식과 학사 정지상은 문장으로 같은 시대에 명성을 날렸다. 두 사람은 다투어 절대 서로에게 양보하지 않았다.
>
> 이규보의 『백운소설』 중에서 (홍만종의 『시화총림』에서 재인용)

김부식은 고려를 대표하는 문신이자 정치가야. 신라의 후예였던 까닭에 조상들은 대대로 경주에서 살았지. 그러다가 김부식의 아버지 김근 때부터 고려의 수도인 개성으로 터전을 옮겨 관리를 지냈어. 김부식 사형제가 모두 과거에 합격해 관리를 지내면서 개성의 새로운 명문 가문이 되었단다.

「송인」이라는 시로 크게 이름을 날린 정지상은 평양 출신의

시중 고려 시대 최고 관직을 말해요.
학사 고려 시대에 왕의 측근에서 문서와 관련된 일을 맡은 관리를 말해요.

관리였어. 학문이 깊어서 왕에게 고전 강의를 도맡아 할 정도로 실력이 뛰어났고, 시와 문장에도 뛰어나 명성을 날리고 있었지.

김부식은 왜 정지상을 죽였을까?

이 두 사람의 운명을 결정지은 사건이 하나 있어. 역사학자인 신채호가 '조선 일천 년 동안의 최대 사건'이라 부른 '묘청의 난'이 바로 그 사건이야.(여기에서 천 년은 고려 오백 년, 조선 오백 년을 합쳐서 말한 거야.)

그 당시 고려의 서울은 개성이었어. 그런데 묘청은 평양으로 서울을 옮겨야 한다고 주장했어. 이때 고려 사회는 안팎으로 몹시 혼란스러웠어. 안으로는 반란이 일어나 왕권이 약해졌어. 밖으로는 여진족이 세운 금나라가 크게 일어나 고려를 위협했지.

묘청은 수도를 옮기면 당시 권력을 쥐고 있던 개성 귀족들의 힘을 약화시키고 왕권을 강화시킬 수 있을 거라고 생각한 거야. 처음에는 왕의 전폭적인 지지를 받아 평양에 궁궐을 세우고 수도를 옮길 준비를 했지.

그런데 갑자기 우박이 떨어지고 가뭄이 드는 등 천재지변이 끊이지 않는 거야. 사람들 사이에 불길하다는 의견이 높아졌어. 개성 귀족들도 강하게 반대했고.

결국 우여곡절 끝에 평양으로 수도를 옮기는 것은 취소되었어. 묘청은 자신의 주장이 받아들여지지 않자 난을 일으켰지.

인종 임금님은 난을 진압하기 위해 군대를 소집한 뒤 김부식을 원수로 임명을 했지. 그런데 원수가 된 김부식이 가장 먼저 한 일이 뭔지 아니? 정지상을 죽인 것이었어.

정지상은 묘청을 임금님에게 추천한 사람이었어. 하지만 묘청의 난이 일어났을 당시 정지상은 개성에 있었고, 난과도 별 관련이 없었지. 그럼에도 김부식은 정지상부터 죽인 뒤 평양으로 간 거야.

너희들 생각에도 이해하기가 어렵지? 그래서 『고려사』 같은 역사책에서도 김부식이 정지상의 글 솜씨를 질투해 죽였다고 써 놓았던 거야.

원수 고려 시대에 으뜸가는 장수를 말해요.

과연 어떤 선택이 옳았을까?

『고려사』의 해석이 맞는지, 그른지 판단하기는 쉽지가 않아. 하지만 김부식이 정지상을 죽인 건 그 당시 고려 사회의 갈등과 관련이 있어. 조금 어려운 말로 하자면 고려를 높이자는 자주파(주로 평양 사람들의 생각)와 중국을 더 잘 섬기자는 사대파(주로 개성 사람들의 생각)의 갈등이 있었어.

자주파는 금나라를 치자고 주장했고, 사대파는 금나라의 비위를 맞춰 주자고 주장했어. 당시 상황을 보면 약해진 고려가 강한 금나라를 치는 건 무모한 일이었어. 하지만 사대파가 자주파를 제압하면서 그후 고려와 조선은 사대 쪽으로 외교를 하게 돼. 역사학자 신채호가 묘청의 난을 '조선 일천 년 동안의 최대 사건'이라고 말한 이유가 바로 여기에 있단다.

🚩 생각하는 역사왕

- 남이 쓴 글을 달라고 한 사람이 잘못일까, 아니면 주지 않은 사람이 잘못일까?
- 정지상이 귀신이 되어 복수를 한 것은 잘한 행동일까, 잘못한 행동일까?

세 번째 이야기

오줌에 얽힌 임금님들 이야기

조선 시대 임금님이 살던 곳은 어디일까?
맞아. 한양의 궁궐이야!
그럼 임금님이 똥과 오줌을 쌌던 이동식 변기는 뭐라 부를까?
답은 바로 매화틀이야. 왜 매화틀이냐 하면 임금님 똥은
특별히 높여서 '매화'라고 불렀거든.
그 매화를 담는 틀. 그래서 매화틀이야.
자, 그럼 마지막 문제! 옛날 경복궁에는 화장실이 모두
몇 개나 있었을까? 잘 모르겠지?
너희들이 머리를 굴리며 손가락, 발가락 다 동원해
헤아리는 동안 재미있는 이야기를 해 줄게.

조선

경종 (1688~1724년)
조선의 제20대 왕

영조 (1694~1776년)
조선의 제21대 왕

조선의 경종 임금님은 신하들과 회의하는 걸 별로 좋아하지 않았어. 하지만 신하들과 하는 회의는 놀이와는 달라서 좋으면 하고, 싫으면 안 하고 하는 그런 것이 아니야. 임금님이 된 이상 좋든 싫든 무조

건 해야 하지.

　너희에게 말하려고 하는 사건이 일어난 그날에도 회의가 열렸는데, 그 회의가 무척 길었어. 삼사의 신하들이 모두 참여한 회의였는데, 신하들은 할 말이

삼사 조선 시대에 언론 일을 맡은 사헌부, 사간원, 홍문관을 말해요.

정말 많았나 봐. 아침에 시작한 회의는 한낮이 되고 오후가 되어도 도무지 끝나지를 않았어.

그래서 임금님은 신하들이 "이렇게 하시는 게 어떻겠습니까?"라고 말하기만 하면, 요렇게 대답했대.

"너무 번거롭다."

임금님이 계속 그렇게 말하니 신하들은 이런 의견, 저런 의견을 낼 수밖에 없었지. 그런데 이런저런 의견을 내도 임금님의 대답은 똑같았대.

"너무 번거롭다."

신하들은 잠시 동안 아무 말도 못했어. 이것도 번거롭다, 저것도 번거롭다고 하니 뭐라고 해야 할지 알 수가 없었던 거야. 할 말을 잃은 신하들이 조용해지자 임금님은 하품을 하고 기지개를 켰어.

마침내 참다못한 신하 한 명이 나섰어.

"임금님은 회의 시간만 되면 왜 이렇게 말씀을 안 하십니까?"

하품은 원래 한 번으로 끝나지는 않는 법이야. 그래서 임금님은 하품을 한 번 더 한 뒤 이렇게 말했어.

"말씀을 안 하신다, 는 말이로구나."

모처럼 임금님이 말을 하긴 했는데 신하가 한 말을 그대로 따라 한 거야. 임금님이 그렇게 나오니 신하들은 기가 찰 노릇이었지. 하지만 신하들도 보통 끈질긴 게 아니어서 임금님이 그렇게 나오건 말건 자신들이 할 말은 다했어.

끝도 없이 이어지는 말들을 듣고 있던 임금님이 어떻게 했는지 아니? 갑자기 뒤로 돌아서더니 요강에다 오줌을 누었어. 말하고 있는데 어디에선가 쭈르르 소리가 나자 신하들이 깜짝 놀랐지.

궁궐 법도에 따르면 오줌이 마려우면 신하들에게 미리 말을 해 주게 되어 있어. 그래야 신하들이 민망함을 피하기 위해 잠깐 밖으로 나갔다가 다시 들어오지.

그런데 경종 임금님은 아무 말도 없이 갑자기 오줌을 눈 거야. 오줌을 다 누고도 아무 일 없었다는 듯이 신하들을 보면서 말했대.

"자, 어디까지 했더라?"

회의는 그 뒤로도 한참 지나서 끝났어. 다들 밖으로 나가는데 신하 한 명이 엎드려 말했어.

"앞으로 소변이 마려우시면 미리 말씀을 해 주십시오. 그것이 바로 임금과 신하가 지켜야 할 예의입니다."

신하의 말을 들은 경종 임금님은 뭐라고 했을까?

나도 몰라. 아쉽게도 경종 임금님의 대답은 기록에 남아 있지 않거든.

경종 임금님은 그리 오래 살지 못했어. 경종 임금님이 죽자 동생이 임금님이 되었지. 그 임금님이 바로 영조 임금님이야.

영조 임금님은 경종 임금님이 죽자 무척 슬퍼했어. 밥도 잘 먹지 않고, 잠도 잘 자지 않았지. 그래서 병이 났어. 큰 병은 아니고 살짝 병이 났어.

임금님이 아프다는 소식이 들리자, 내의원 도제조를 맡고 있는 신하가 다른 신하들과 의원 여러 명과 함께 왔어. 도제조가 물었어.

내의원 도제조 내의원은 궁궐에서 의료를 맡은 기관이고, 도제조는 그 기관에서 가장 높은 사람을 말해요.

"몸은 좀 어떠십니까?"

"감기 기운이 있어 보통 때보다는 조금 못한 것 같다."

"춥지는 않으신가요?"

"별로 춥지는 않다."

의원이 임금님의 맥을 짚어 본 뒤 이렇게 말했어.

"지난번에는 맥이 빨리 뛰었으나, 지금은 그렇지가 않습니다. 감기에 걸리신 게 분명합니다."

도제조는 다른 의원에게 손바닥을 진찰하라고 말했어. 의원은 임금님의 손바닥을 만져 본 뒤 이렇게 말했어.

"손바닥도 뜨겁습니다. 감기가 분명합니다."

도제조가 임금님에게 물었어.

"처음 감기에 걸리셨을 때 두통을 느끼셨습니까?"

"그렇지 않다. 처음엔 기침만 나고 콧물도 나지 않았다. 그런데 며칠이 지나니 두통이 생겼다."

"머리는 어디가 아프십니까?"

"두 눈썹 사이가 아프다."

"혹시 땀이 나십니까?"

"처음엔 그렇지 않더니 지금은 난다."

"발에도 땀이 나십니까?"

"온몸에 다 난다."

도제조는 잠깐 생각하다가 임금님에게 물었어.

"대변은 어떠십니까?"

"평상시와 같다."

"보통 때는 하루에 몇 번 보셨습니까?"

"한 번 보기도 하고, 두 번 보기도 한다."

도제조는 잠깐 생각하다가 임금님에게 물었어.

"소변은 어떠십니까?"

"평상시와 같다."

"자주 보십니까?"

"감기에 걸리기 얼마 전부터 자주 보았다."

도제조는 한참 생각한 뒤 이렇게 말했어.

"아무래도 약을 드시는 게 좋겠습니다."

임금님은 살짝 기침을 한 뒤 이렇게 말했어.

"기껏해야 감기인데 굳이 약까지는 필요 없다."

도제조가 목소리를 살짝 높였어.

"약을 드시지 않는데 어떻게 감기가 낫겠습니까? 이번에는 꼭 드셔야 합니다."

임금님은 고개를 끄덕이며 말했어.

"알겠다."

도제조는 의원들을 보며 어떤 약을 쓰는 게 좋을지 말하라고 했어. 의원 한 명이 의견을 밝혔어.

"기운이 부족하시니 인삼이 든 약을 드시는 게 좋겠습니다."

다른 의원이 의견을 밝혔어.

"너무 강한 약을 드시면 오히려 다른 병을 얻으실까 두렵습니다."

도제조는 고개를 끄덕이곤 의원들에게 물었어.

"그럼 어떤 방법이 좋겠느냐?"

의원 한 명이 나서서 의견을 밝혔어.

"어린아이의 오줌에 생강을 섞어 며칠 동안 드신 뒤에 약을 의논하는 게 좋겠습니다."

다른 의원이 나서서 의견을 밝혔어.

"제 생각도 그러합니다."

또 다른 의원이 나서서 의견을 밝혔어.

"어린아이의 오줌이 지금은 속을 거북하게 만들 수도 있습니다."

또 다른 의원이 나서서 의견을 밝혔어.

"순한 약으로 감기를 치료하는 게 좋겠습니다."

도제조는 고개를 끄덕거리곤 임금님에게 말했어.

"의원들의 의견이 다 다르니 물러가 이야기를 나눈 뒤 약을 올리겠습니다."

임금님이 손을 저으며 말했어.

"아까도 말했지만 굳이 약까지 쓸 필요는 없다."

도제조는 잠깐 생각한 뒤 이렇게 말했어.

"임금님은 이 나라를 책임지셔야 하는 분입니다. 조금이라도 편찮으시면 업무에 지장을 받게 됩니다. 그러니 꼭 약을 드셔야 합니다."

임금님은 고개를 끄덕이며 말했어.

"알겠다. 그대의 마음을 받아들이겠다."

임금님의 대답을 들은 도제조는 그제야 임금님에게 절을 하고 자리에서 일어섰어. 다른 신하들과 의원들도 절을 하고 일어섰지.

 이게 바로 영조 임금님이 감기에 걸렸을 때 일어난 일이란다. 영조 임금님이 그냥 약을 먹었는지, 아니면 어린아이 오줌에 생강을 넣은 약을 먹었는지는 잘 모르겠어. 너희들의 생각은 어떠니?
 자, 이것으로 임금님과 관련된 오줌에 관한 이야기는 끝!
 아참, 질문만 해 놓고 답을 해 주지 않았구나. 옛날 경복궁에는 화장실이 모두 스물 여덟 곳이 있었대. 많은 걸까? 적은 걸까? 너희들의 생각은 어떠니?

이야기 속 역사 읽기

경종 임금님은
왜 신하들 앞에서 오줌을 누었을까?

> 이날 임금이 여러 신하들을 대하여 몸을 조금 돌려 오줌을 누므로 여러 신하들이 잠시 물러가려고 하자 임금이 물러가지 말라고 명하였다.
>
> 『조선왕조실록』 중에서

어때, 왕과 관련된 똥오줌 이야기를 잘 보았니? 그런데 너희들이 보기에도 경종 임금님이 참 이상하지 않니? 여러 신하들이 모인 자리에서 굳이 오줌을 누었으니 말이야. 그런데 경종 임금님이 이렇듯 이상한 행동을 한 데에는 다 이유가 있었단다.

경종 임금님은 왕위가 불안했어

경종 임금님의 아버지는 숙종 임금님인데, 숙종 임금님은 경종 임금님의 어머니에게 독약을 내렸단다. 그래서 경종 임금님은 임금님이 되기가 쉽지 않았어. 남들에게 흠잡히지 않도록 조심조심 행동을 해서 다행히 임금님이 되었지. 하지만 임금님이 된 뒤에도 문제는 여전히 남아 있었어.

신하들 중에는 경종 임금님의 이복동생인 연잉군이 더 임금님에 어울린다고 여기는 이들이 많았어. 그래서 경종 임금님에게 연잉군을 후계자인 세제로 삼고 임금이 할 일도 나누어 줄 것을 요청했지.

경종 임금님은 우선은 신하들의 요청을 들어주었어. 하지만 임금님이 된 지 얼마 되지 않았는데, 그런 요청을 들었으니 기분이 별로 좋지는 않았지. 그래서 연잉군을 세제로 삼으라고 요청한 신하들을 죽이기도 했어. 그런데도 남은 신하들 중에서는 경종 임금님을 탐탁치 않게 여기는 이들이 많았단다.

그래서 경종 임금님은 늘 마음이 불안했어. 요즈음 말로 하자면 우울증에 시달렸어. 그러다 보니 신하들에게 말을 하지

세제 왕위를 이어받을 왕의 동생을 말해요.

앉거나 하품을 하거나, 심지어 오줌을 누는 것 같은 이상한 행동을 보인 것이지. 결국 경종 임금님은 임금이 된 지 4년 만에 세상을 떠난단다.

영조 임금님은 고민이 많았어

> 이광좌가 나아와 엎드려 아뢰었다.
> "국상 중인 지금 성상의 체후는 어떠하십니까?"
> 상이 말했다.
> "무사하기는 하지만 감기 기운이 있어 예전만은 못한 듯하다."
>
> 『승정원일기』 중에서

경종 임금님이 죽자 동생인 연잉군이 왕위를 이어받아 영조 임금님이 되었어. 그런데 그 당시 이상한 소문이 돌았어. 영조 임금님이 경종 임금님에게 게장과 생감을 함께 올렸고, 그것들을 먹은 경종 임금님이 결국 죽게 되었다는 소문이지. 게장과 생감은 함께 먹으면 몸에 좋지 않대.

영조 임금님은 그 소문은 사실과 다르다고 했어. 이를 주장하기 위해 영조 임금님은 경종 임금님의 장례에 온힘을 다할 수밖에 없었지. 그러느라 감기에 걸렸던 모양이야.

이 이야기를 보면 감기에 걸린 임금님을 진찰하고 약제를 선택하는 데 있어서 굉장히 신중했다는 사실을 알 수 있어. 그런데 너희들에겐 아무래도 의원이 권하는 약이 어린아이의 오줌이라는 사실이 더 재미있을 거야. 그렇지?

한 가지 더. '개똥도 약에 쓰려면 없다.'라는 속담 들어 봤니? 조선 시대에는 개똥도 실제로 약으로 썼다는 사실. 이것도 잊지 마.

생각하는 역사왕

- 너희들은 경종 임금님의 행동에 대해 어떻게 생각하니?
- 왜 조선 시대 사람들은 어린아이의 오줌이 감기에 효과가 있다고 생각했을까?

네 번째 이야기

똥 보고 감탄한
괴짜 선비

조선

너희들 박지원이라는 선비의 이름을 혹 들어 봤니? 모른다고?
괜찮아. 어른들 중에도 모르는 사람이 많으니까.
박지원은 어느 날 중국(청나라)에 가게 되었어.
당시 중국은 세계 최고의 선진국이었어.
땅도 넓고 사람도 많은데 문명도 발달했으니,
얼마나 신기한 것들이 많았겠니?
선비는 중국에 머무는 동안 이것저것 구경하느라
정신이 없었어. 그런데 그 선비가 보고 제일 감탄한 것이
무엇인지 알고 있니? 그건 바로 똥이었대.

박지원 (1737~1805년)
조선 시대 학자이자 문장가로
『열하일기』를 썼다.

박지원은 글을 무척 잘 쓰는 사람이었어. 그런데 지금 하려는 이야기는 박지원의 글에 대한 게 아니라 박지원이 보고 온 중국(청나라)에 대한 이야기야.
　박지원은 나이 먹도록 관리가 되지 못해 집에서 빈둥대거나 친구들과 여기저기 놀러 다니곤 했지. 그러다 친척 어른의 도움으로 중국에 다녀오게 되었어.
　당시에는 함부로 국경을 넘을 수가 없어서 가장 가까운 나라인데도 서로 모르는 것이 잔뜩 있었어. 그런데 박지원이 중국을 보고 돌아왔다니, 사람들은 궁금증에 몸이 달았지.

　사람들은 당장 박지원 집으로 몰려갔어. 그리고 박지원을 보자마자 이렇게 물었어.

"중국에서 제일 볼만한 게 뭐였소?"

박지원은 껄껄 웃더니 이렇게 대답했어.

"그건 바로 깨진 기와 조각이오."

사람들은 잘못 들었나 싶어 귓구멍에 손을 넣어 귀지를 후비곤 다시 물었어.

"깨진 기와 조각이라고 했소?"

"그렇소."

"왜 하필 깨진 기와 조각이오?"

"중국 사람들은 깨진 기와 조각을 그냥 버리지 않

소. 그 기와 조각으로 담을 쌓는다오. 기와 조각으로 담을 쌓으면 우선 모양이 참 아름답소. 거기다가 햇빛이 비칠 땐 기와 조각이 반짝반짝 빛나기까지 한다오. 모양도 아름답고 빛도 나니 이런 장관이 또 어디 있겠소?"

박지원은 껄껄 웃었지만 사람들은 웃지 않았어. 다만 고개만 갸웃거릴 뿐이었지. 사람들은 혹시나 하는 마음으로 다시 한 번 물었어.

"그럼 깨진 기와 말고 또 볼만한 것은 뭐였소?"

박지원은 껄껄 웃더니 이렇게 대답했어.

"그건 바로 똥이오."

사람들은 잘못 들었나 싶어 귓구멍에 손을 넣어 귀지를 후비곤 다시 물었어.

"방금 똥이라고 했소?"

"그렇소."

"왜 하필 냄새나는 똥을 말하는 거요?"

"중국 사람들은 말이 싼 똥조차 그냥 버리지 않는다오."

"아니, 똥을 버리지 않으면 모아 두기라도 한단 말이오?"

박지원이 껄껄 웃으며 말했어.

"하하하, 맞소. 말이 똥을 싸려고 하면, 말똥을 주우려는 사람이 짚으로 된 주머니를 메고 기다렸다가 그 똥을 담는다오. 말이 똥을 싸면 그 똥을 주머니에 넣고, 또 싸면 또 넣고, 또 싸면 또 넣는다오."

"그렇게 똥을 모아 어디다 둔단 말이오?"

"중국 사람들의 재미있는 점이 바로 그것이오. 주머니에 똥이 다 차면 거름 창고에 그 똥을 붓는다오. 그런데 특이한 것은 거름 창고에 있는 똥의 모양이라오. 중국 사람들은 똥을 그냥 쌓는 게 아니라 육각형, 팔각형 혹은 정자 모양으로 맵시를 한껏 내 쌓는다오. 이러니 어찌 똥이 천하의 장관이 아니겠소."

혹시나 하고 기대했던 사람들은 박지원이 줄곧 똥, 똥, 똥, 똥 이야기만 줄줄 늘어놓자 다들 실망을 했어. 그래서 바닥에 침을 퉤 뱉곤 돌아갔대.

사실 사람들이 듣고 싶었던 이야기는 따로 있었을 거야. 황제가 사는 황궁은 얼마나 으리으리한지, 성곽이 얼마나 높고 정원에 판 연못이 얼마나 깊은지, 시장에 점포들이 얼마나 많고 신기한 물건들이 얼마나 넘쳐나는지, 온갖 그림이며 예술품들은 얼마나 멋진지…… 그런 이야기를 듣고 싶었던 것이지. 그런데 박지원이 하필 깨진 기와며 똥 같은 이야기만 줄줄 늘어놓으니 기가 찰 수밖에.

사람들이 떠나고 홀로 남은 박지원은 어떻게 했을까? 아마 껄껄 소리 내어 웃었겠지. 그러곤 이렇게 혼잣말을 했대.

"사람들이 내 말뜻을 이해한다면 정말로 좋을 텐데."

이게 바로 똥 보고 감탄한 괴짜 선비 박지원의 이야기란다.

이야기 속 역사 읽기

박지원은 왜 똥거름이 장관이라고 했을까?

> 그래서 나는 말한다. '기와 조각, 조약돌이 장관이라고. 똥거름이 장관이라고.' 어찌 성곽과 연못, 궁실과 누각, 점포와 사찰, 목축과 광막한 벌판, 숲의 기묘하고 환상적인 풍광만을 장관이라 하겠는가?
>
> 『열하일기』 중에서

박지원은 중국에 다녀오고 싶은 꿈을 갖고 살았어. 하지만 한동안은 그 꿈을 이룰 수가 없었지. 박지원은 정조 임금님 시절에 권력을 휘둘렀던 홍국영의 미움을 받았거든. 그래서 중국은커녕 홍국영에게 잡히지 않기 위해 황해도 연암협이라는 외진 곳에서 살아야 했지.

1780년 2월, 마침내 홍국영이 쫓겨났어. 같은 해, 박지원의 팔촌 형인 박명원이 당시 중국 황제인 건륭제의 칠순을 축하하러 가는 사절로 임명이 돼.

  박명원은 친척 동생인 박지원에게 중국에 같이 가자고 권유했고, 박지원이 이를 받아들이면서 사절단을 따라 중국으로 가게 되었지. 이때 박지원은 중국에서 보고 듣고 느낀 것을 기록하고 정리해서 자료로 남기는데, 그 자료가 바로 그 유명한 『열하일기』란다.

  당시 중국 황제가 열하라는 곳으로 피서를 갔기 때문에 조선의 사절단도 열하까지 가야 했어. 그래서 책 이름도 『열하일기』가 된 것이지.

세상에 쓸모없는 것은 없다

  너희들이 읽은 깨진 기와와 말똥 이야기는 『열하일기』에서 가장 중요한 생각 하나를 담고 있어. 그것은 사물을 편리하게 쓰고 먹을 것과 입을 것을 넉넉하게 하여, 국민의 생활을 나아

사절 나라를 대표하여 일정한 사명을 띠고 외국에 파견되는 사람을 말해요.

지게 하는 것이 중요하다는 거야. 어려운 말로는 '이용후생'이라고 하지.

박지원의 생각에 따르면 세상에 쓸모없는 것은 없어. 흔히 쓸모없다고 무시하기 마련인 깨진 기와 조각, 똥오줌도 제대로 쓰기만 하면 제 값어치를 한다는 것이지.

그런데 당시 조선 양반들은 백성들이 잘 먹고 잘 사는 일에는 별 관심을 두지 않았어. 이상적인 학문에 매달리는 것을 최고로 쳤고, 그게 고상하고 바른 일이라고 생각해서 현실에서 일어나는 온갖 문제는 짐짓 외면하기 일쑤였지.

박지원은 똥 이야기를 통해 현실을 외면하는 조선의 양반들을 넌지시 비판했던 거야.

깨진 기와와 똥 이야기가 또 있어

너희들이 알아 두면 좋을 내용 하나 더.

박지원이 한 것과 똑같은 이야기가 박제가의 『북학의』에도 실려 있단다. 박제가가 처음 중국에 갔던 때는 1778년이야. 박제가가 박지원보다 먼저 중국에 가서 보고 자기 책에 썼단 말이지. 그러니까 박지원은 박제가의 글을 읽고 난 뒤 이 글을 썼을 가능성이 높아.

　박제가는 박지원의 제자이자 친구야. 그런 만큼 생각하는 것도 비슷하고 마음에 맞는 것도 많았겠지. 박지원은 박제가의 글을 읽고 자신이 하고 싶은 말이 다 담겨 있다는 생각을 하지 않았을까? 그래서 박제가의 글을 자신의 책에도 실어 둔 것이 아닐까 해.

> **생각하는 역사왕**
> • 박지원은 중국에 가서 왜 하필 똥을 보고 감탄했을까?

역사 이야기를 좋아하는 아이들만 보는 역사 퀴즈

맞으면 O, 틀리면 X를 써 보아요.

1. 김유신의 조상은 수로왕이다. ( )

2. 김춘추는 선덕 여왕의 아들이다. ( )

3. 고려의 서울은 평양이다. ( )

4. 김부식은 『삼국유사』를 썼다. ( )

5. 경종 임금님과 영조 임금님은 형제 사이다. ( )

6. 조선 시대 의원들은 임금님에게
   어린아이 오줌을 약으로 권하기도 했다. ( )

7. 박지원은 『열하일기』를 썼다. ( )

8. 박지원은 일본을 다녀왔다. ( )

 **아직도 역사 공부가 더 하고 싶다면**

1. 고양시 호수 공원에는 화장실 전시관이 있단다. 전시관에서 임금님이 썼던 매화틀을 찾아보고 사진을 찍어 보자.

2. '언 발에 오줌 누기'란 속담이 있단다. 무슨 뜻일까?

3. 똥오줌에 관한 속담이 많이 있단다. 속담을 찾아보고 뜻을 적어 보자.

4. 똥오줌이 들어간 낱말들도 많이 있단다. 가능한 한 많이 찾아 적어 보자.

역사 용어 풀이

『**고려사**』 조선 시대 세종 때부터 편찬해서 문종 때 완성된, 고려 시대의 역사책이랍니다.

남산 여기에 나오는 남산은, 경주 남쪽에 위치한 남산입니다. 신라 사람들은 남산을 신성한 땅으로 여겼습니다. 그렇기 때문에 나라에 일이 생기면 이곳에 모여서 회의를 했다고 해요.

내의원 도제조 내의원에서 가장 지위가 높은 사람으로, 정승을 지냈거나 정승인 사람이 맡았어요. 실제로 의술을 잘 아는 의원이 아니라, 의원을 관리하는 역할을 했지요.

『**북학의**』 정조 시대에 박제가가 중국의 풍속과 제도를 시찰하고 돌아온 뒤, 보고 들은 것을 적은 책이에요.

사절 나라를 대표하여 일정한 사명을 띠고 외국에 파견되는 사람을 말해요.

『**삼국유사**』 고려 충렬왕 때 보각국사 일연이 신라, 고구려, 백제 시대에 있었던 일들을 모아 지은 역사책이에요.

삼사 조선 시대에 언론 일을 맡은 세 기관을 말해요. 사헌부, 사간원, 홍문관인데, 이 기관들은 왕의 정책을 비판하고, 관리의 자질을 평가하며, 옳은 말을 고하는 역할을 하지요. 왕의 입장에서 보면 한마디로 잔소리 대장인 관청이라고 할 수 있어요.

서울 한자로는 京城(경성)이라고 기록되어 있어요. 신라의 서울은 오늘날의 경주인데, 그때는 서라벌이라고 불렀습니다. 서라벌이 변해 오늘날의 서울이라는 말이 되었다고 생각하는 학자들이 많습니다.

역사 용어가 어렵다고요? 보고 보고 또 보면 역사 용어와 친해질 수 있어요. 역사 용어를 알면 역사 이야기가 한층 더 흥미진진해지지요. 우리 함께 보면 볼수록 재미있는 역사 용어를 살펴볼까요?

세제 왕위를 이어받을 왕의 아우를 말해요. 그렇다면 세자는 왕위를 이어받을 왕의 자식을 말하는 것이겠죠?

『조선왕조실록』 조선 태조로부터 철종에 이르기까지 472년간의 역사를 기록한 역사책이에요. (『고종실록』과 『순종실록』도 있지만, 일본의 간섭을 받으며 편찬되었어요. 그래서 보통 『조선왕조실록』에는 포함시키지 않아요.)

『승정원일기』 승정원은 조선 시대에 왕의 명령을 내리고 걷어 들이는 일을 하던 곳이에요. 이곳에서 취급한 문서와 사건을 일기에 기록했는데, 그 내용이 상세하고 다양해서 조선 역사를 살피는 데 큰 역할을 하고 있어요.

축국 공을 차는 놀이라는 뜻으로 오늘날의 축구와 비슷한 공놀이를 말해요. 중국에서 시작된 축국은 당나라 때 우리나라에 들어왔답니다. 중국의 기록에 따르면 축국을 가장 잘한 건 고구려 사람들이래요.

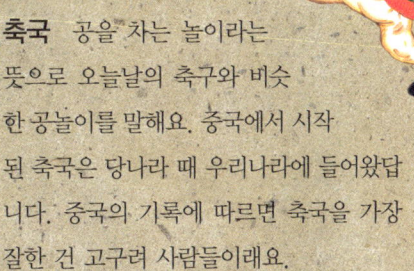

시중 고려 시대 최고 관직을 말해요. 오늘날의 총리라고 할 수 있어요.

학사 고려 시대에 왕의 측근에서 문서와 관련된 일을 하는 관리를 말해요. 왕의 말씀이나 명령을 글로 짓거나, 왕에게 책 내용을 강의하는 역할을 하기 때문에 주로 학식과 문장에 뛰어난 학자가 맡았어요.

원수 고려 시대에 으뜸가는 장군을 말해요. 전시에 군사를 통솔하거나, 한 지방의 군대를 통솔하던 가장 높은 지위의 장군이지요.

84쪽 역사 퀴즈 정답
1. ○   2. X   3. X
4. X   5. ○   6. ○
7. ○   8. X

```
국립중앙도서관 출판예정도서목록(CIP)

웃기고 냄새나는 역사 속 똥오줌 이야기
/ 글 : 설흔 ; 그림 : 최현묵. --고양 : 위즈덤하우스, 2015
   p. ,    cm. -- (이야기 역사왕 ; 1)
ISBN 978-89-6247-479-4 74900 : ₩9500
ISBN 978-89-6247-478-7(세트) 74900

역사[歷史]
909-KDC5                              CIP2014037883
```

웃기고 냄새나는 역사 속 똥오줌 이야기

초판 1쇄 인쇄 2015년 2월 15일 | **초판 2쇄 발행** 2015년 12월 15일

글 설흔 | **그림** 최현묵

펴낸이 연준혁 | **스콜라 부문대표** 황현숙

스콜라 2부서 편집장 조진희 | **편집1팀** 김민정 | **디자인** 달·리크리에이티브

펴낸곳 ㈜위즈덤하우스 | **출판등록** 2000년 5월 23일 제13-1071호
주소 경기도 고양시 일산동구 정발산로 43-20 센트럴프라자 6층
전화 (031) 936-4000 | **팩스** (031) 903-3891
전자우편 scola@wisdomhouse.co.kr | **홈페이지** www.wisdomhouse.co.kr
스콜라카페 www.cafe.naver.com/scola1

ⓒ 설흔, 2015
ISBN 978-89-6247-479-4   74900 978-89-6247-478-7(세트)

저작권법에 의해 한국 내에서 보호를 받는 저작물이므로 무단 전재와 복제를 금합니다.
이 책 내용의 전부 또는 일부를 이용하려면 반드시 저작권자와 ㈜위즈덤하우스의 동의를 받아야 합니다.
* 잘못된 책은 바꿔 드립니다.   * 책값은 뒤표지에 있습니다.

스콜라는 ㈜위즈덤하우스의 아동·청소년 브랜드입니다.